Epuisette et cartes postales

Guille Oom

© 2021 Guille Oom

chastanetg@yahoo.fr

Édition : BoD – Books on Demand,
12/14 rond-point des Champs-Élysées, 75008 Paris
Impression : BoD - Books on Demand, Norderstedt, Allemagne

Illustration : l'auteur

ISBN : 978-2-3223-8805-9
Dépôt légal : novembre 2021
Seconde édition janvier 2022

A mes âmes amies

Avant-propos

En septembre 2020, au détour d'une musique africaine, Tombouctou est né, spontanément. Puis d'autres textes ont suivi, inspirés d'un mot lu, d'une phrase proposée, d'une musique entendue. Pendant plusieurs mois, j'ai pris mon épuisette et je suis allé chercher les mots là où ils sont, en nous, tout autour de nous. Ils flottent dans un espace d'infinis possibles, attendent nos attentions. Alors, suivant l'inspiration du moment, avec mon épuisette maladroite, je les attrapai et les posai sur le papier. Ensemble ils formèrent des poèmes ou des textes courts. Formes inhomogènes, reflets de leur malléabilité, ils dessinèrent des cartes postales de ces voyages. Ce sont ces cartes postales que vous tenez en main.

J'ai une immense gratitude pour vous qui tenez ce modeste recueil et vous laissez guider par ces comptes rendus de voyages. Je me suis permis de les rassembler ici afin qu'ils puissent résonner en vous, peut-être dès la première lecture, peut-être plus tard. J'ai le secret espoir (plus maintenant que je vous le livre ici) que ces cartes postales soient comme des soins. A minima elles seront des respirations poétiques qui invitent à se poser. Si c'était possible je vous inviterais à les lire les yeux fermés.

Les mots ont des sens, des vibrations, ils permettent la pensée autant qu'ils peuvent la piéger. Ils sont un complément à la musique ou le dessin. Je vous laisse trouver quel texte va avec quelle musique ou quelle peinture et cela constituera votre trésor personnel, si le cœur vous en dit.

Je vous souhaite une savoureuse lecture.

Tombouctou

Le rythme entêtant des pas sur le sable
Sur la route, sur la piste
Tombouctou en bout de songe
Hécatombe de tombeaux tombés dans des mains impies
Les songes peuls peuplent mon cœur
Et saignent du sacrilège.

Un écho porté par les caravanes.

Le rythme entêtant des pas sur le sable
Tombouctou en bout de songe
L'œil-soleil sur le ciel de dunes
La robe-voie lactée sur la fraîcheur des nuits
Le rythme transe-ascendant des musiques racines
Danse sans fin en mon sein.

Un chèche bleu claque au vent chaud.

Le rythme entêtant des pas sur le sable
Le cœur du désert en bout songe
Le soleil tape comme des mains rudes sur un djembé
Les dunes ondulent comme les courbes des femmes dansant
Chaque pas est un chant
Accordé à la vibration du désert.

Un reflet brillant dans un coin de l'âme.

La cité de sable en bout de songe
Accords et résonances en ses Saints
Un chant pour sacrer chaque acte
Au centre du monde se dresse une âme
Au centre des ondes, résonne un chant
Un imaginaire porté par la superposition des âges.

Samarcande

Me voilà brisé sur le bord du chemin, mon bâton rompu, mes souliers troués, mon cœur en lambeaux. Devant, la piste n'est plus. Derrière, elle sinue entre les rochers, à perte de vue. Le soleil m'écrase, les montagnes m'accablent, l'ombre de mon âne me fuit, l'eau se terre. Samarcande la belle m'attend, mais y entrerais-je ? Je la rêve, étoile bleutée sur la route des caravanes, drapées de milles voiles qui cachent la vérité, racontée par milles arabesques aux géométries sacrées, berceau de la Perse savante, grandiose dans ses couleurs, ses senteurs, sa sagesse et sa poésie.

Elle est là-bas, par-delà l'horizon. Elle m'attend. Mais qu'ai-je à lui apporter d'autre que mon dépouillement ? Mon âne refuse de porter mes livres, mon dos aussi. Mes instruments à mesurer le ciel sont grippés par le sable. Que pourrais-je bien lui offrir sinon ma détresse ?

Déjà les feux du soleil couchant griffent le ciel. Le froid du désert rampe vivement et s'engouffre dans les trous de mes chausses. A quoi pourrais-je me réchauffer ? Mes couvertures ne me suffisent plus. Mon cœur a froid, tout morcelé qu'il est. Sans force, je me laisse tomber au pied d'un rocher, rude dossier pour mon dos laminé.

Les griffures du ciel s'empourprent. Moi qui l'observe depuis tant d'année je n'ai jamais su décrire les couleurs d'un soleil couchant. Les mots des autres me semblent si loin de la réalité, même ceux de Rumi ou Omar-Kayyam. La nuit tire son voile sur le monde et le monde s'abrite. Sauf moi. Je m'expose à l'obscurité, scrutant les étincelantes couleurs qui l'annoncent.

Dans mon errance au fil des villes, il est deux moments qui parviennent à apaiser mes tourments et me font oublier les courbatures de la marche et d'un sommeil inconfortable : lorsque le soleil parait et disparait, dans sa magie sans cesse nouvelle. Jamais le tableau qu'il dessine n'est le même. La nuit les étoiles scintillent, dans un mouvement léger et silencieux. Le jour le soleil brille, dans sa course sèche et brulante. Mais aux heures entre-deux, où tout se mélange, rien ne brille. Tout resplendit. Et c'est une inépuisable source d'émerveillement. Oui, je peux m'y réchauffer un peu le cœur. Dans ces instants entre-deux, je m'évade, je délasse mes souliers percés, je délaisse la fatigue de mon corps, je m'envole au-dessus des montagnes, je prends le fil d'or dessiné dans le ciel et recouds mes chausses, renoue mon bâton, rassemble mon cœur. Tout rapiécé d'or, je glisse entre les mondes, rasséréné, sans faim ni soif, extatique devant la beauté pure, neuf encore. Là où je suis, je suis, au centre du monde.

Tout brillant de mes cicatrices raccommodées d'or, le vent me souffle des histoires millénaires. Le sable m'égrène le passage à rebours du temps, me laissant entrevoir des bribes d'avenir. La terre racine tambourine une transe-ascendante. Le soleil finit d'embraser le ciel, tout auréolé de la gloire de son tableau offert à qui sait le regarder. Entre les mondes, je m'élève et je vois.

Au loin, un éclair bleu tandis que disparait la crinière du lion. Samarcande ! Oui ! Tu m'attends ! Demain, je serai à toi, de tout mon être, riche du désert que j'ai traversé. Samarcande, en bout de songe. Me voilà.

Derrière, la piste n'est plus. Devant, elle se dessine sous les étoiles.

Rencontres

Mouillé par les vagues, le caillou luisait de son aventure sous-marine. Je l'ai pris et jeté au loin dans l'eau. Il en sortit une baleine majestueuse dont le chant profond me transforma en sable que les vagues vinrent mouiller et fondre à l'immensité de l'océan.

Tombée sur la berge de la rivière, la fleur d'acacia exhalait son dernier parfum. Je l'ai prise et jetée dans le courant. Il en sortit une déesse des temps anciens toute pétillante de prana. De ses lèvres elle baisa mon front et me transforma en mille étoiles scintillantes dans le courant de la rivière.

Egarée en bord de chemin, la graine gisait sur le sol rude. Je l'ai prise et mise dans ma poche. Il en sortit un immense frère immobile aux écus dorés, comme une flèche de lumière lancée dans la lande rase. Ses caresses me transformèrent en feuille de ginkgo volant au vent du temps.

La branche morte que je ramassais allait alimenter le feu qui me réchauffait en cette nuit fraiche. Je l'ai mise dans le foyer. Il en sortit une salamandre effrayante qui en grimpant sur mon bras me transforma en étincelles de vies dispersées dans le cœur de ma famille d'âmes.

Chaque rencontre m'a transformé, de la pierre à la feuille, de la mer à la femme, de la graine au père, de la flamme à l'Amour. Chacune a laissé son empreinte en moi.

Je me suis tu.

Essoufflé et sans voix
De trop de larmes et de luttes
Je me suis tu.

Je me suis tu pour écouter
Le tissage des fils,
Sur la tapisserie de la Vie.

Je me suis tu pour regarder
Se mouvoir les motifs,
Et se dessiner la trame.

Je me suis tu pour sentir
Les milles bruissements du silence,
Leur résonance en mon être.

Je me suis tu pour me délecter
De ce repli de draperie,
Infime portion de l'univers.

Et j'embrasse ce repli du temps
Et j'enlace cette courbe de l'espace
A deux bras, à tout cœur.

Je m'emplis et remplis
Offre et reçois
Aime et suis aimé.

Unis dans les mains étoilées
Qui tissent l'œuvre de Vie
Je me tais et me relève.

Tourne, soufi.

Une bourrasque parcourut la rue. Les dunes d'épices multicolores se soulevèrent dans le vent, emplissant l'air de senteurs mélangées. Le grouillement des badauds se fit plus agité. Une tempête se levait aux portes de la ville. Le tonnerre roulait comme sur un bendir lors du Sama. Un cri déchira l'air et la foule s'immobilisa interdite.

Et tous surent.

Hors des remparts, le son du ney se déploya, d'une clarté envoutante, de ce souffle caractéristique de la flute à la fois franc et hésitant, comme une caresse prodiguée par des mains rugueuses. Le vent répondait au tonnerre pour former un orchestre sans matière.

Et tous surent.

Au milieu des nuages sombres qui s'élevaient des dunes, son manteau noir d'âme errante à terre, le derviche tournait, accoucheur de tempête dans la paix de sa giration. Dans sa danse, le lien avec le divin : main droite offerte au ciel pour en accueillir les bienfaits et les redistribuer à la terre de sa main gauche.

Et tous surent.

Sa jupe blanche en voie lactée déployée, corolle immaculée, réceptacle des bénédictions, étincelait dans la noirceur de la tempête. Ses pieds soulevaient le sable. Ses longs cheveux lâchés l'auréolaient de vent. Immobile il tournoyait dans les éléments qu'il soulevait, au rythme du tonnerre-bendir qui enflait, au son du vent-ney qui pleurait le lien perdu.

Et tous surent.

Alors, une voix résonna, en chacun, dans une langue ancienne que tous reconnurent, « *Je t'aime ni avec mon cœur, ni avec mon esprit. Le cœur peut s'arrêter, l'esprit peut oublier. Je t'aime avec mon âme. L'Âme jamais ne s'arrête ni n'oublie.* » Et du cœur des nuages sombres, au-dessus du soufi tournoyant, un soleil grandit.

Et tous surent.

Les remparts s'effritèrent autour de la ville. Les monnaies se firent sable dans les bourses. Guenilles et beaux vêtements ne se distinguèrent plus. Dans cet art du lien qu'est la danse, chacun prenait dans ses bras son âme.

Et tous surent qu'ils avaient oublié.

Citation de Rumi.

Voyages immobiles

Sentir les mains qui glissent, les liens qui se délitent. Trembler de ne plus être touché, de ne plus toucher. Perdre les yeux de vue. Sur quelle épaisseur de solitude vont résonner les battements du silence ?

Ne plus voyager qu'en moi, dans les mélancolies des révolutions avortées, dans la déception des découvertes ajournées, dans l'isolement des rencontres en suspens. Regarder la nuit passer. Ecouter le crépitement de la pluie sur les carreaux, poussée par le vent. Guetter les étoiles entre les nuages qui défilent. Espérer la pleine lune offerte en méditation. Laisser couler le temps comme une rivière capricieuse. Avoir envie du bruit des vagues sur le sable, d'être la goutte et l'océan.

D'un vieux placard, entre de vieux livres jaunis à l'odeur de poussière, sortir un étui de cuir, y prélever des lunettes et les chausser. Des lunettes de poésie. La poésie comme une respiration dans ce monde essoufflé, une magie dans un univers démontré et dépecé, une pause dans un temps fuyant, un hymne à la lenteur, un regard émerveillé.

Respirer cette magie et marcher sur les nuages à la recherche du cinquième élément, cet éther, ce vide qui contient tout, ce livre blanc de tous les possibles et toutes les mémoires. Trouver les pages qui résonnent et éclairent, en traversant les civilisations. Revoir les costumes revêtus et mieux comprendre.

Ouvrir les portes du ciel, me sentir pousser des ailes et visiter les constellations, y retrouver les familles anciennes, m'en souvenir et comprendre enfin cette nostalgie qui m'habitait. Perdre ma forme et retrouver mon essence lumineuse. Me délecter de ces retrouvailles intimes, à la fois charnelles et sans chair. Elargir ma coupe et la remplir d'Amour, ce lien, ce fil, ce guide.

Voyage immobile, loin comme jamais. Ma place est ici car il n'y a plus de place dans l'infini, tout y est déjà, en germes ou en fleurs. En revenir confiant des liens qui me lient à mes âmes amies. En revenir plein, débordant, pour donner et offrir.

Je sais où remplir ma coupe.

Au café

On s'y rencontre, on s'y raconte
On y boit toute honte
On s'épanche ou on écoute
On boit jusqu'à la dernière goutte

On y rit, on y pleure
Souvent on oublie l'heure
On y somnole éméchés
Sur nos vies ébréchées

On y partage un dessert
Avec deux cuillères
On se remplit avides
A mesure des verres vides

On y bafouille nos timidités
Le sous-bock déchiqueté
Nos mains s'y caressent
Nos yeux brillant de promesses

On y murmure nos malaises
Enfoncé dans la chaise
On s'enflamme d'espoir
Dans le furtif d'un regard

On y a le cœur qui bat la chamade
On y a le cœur dans la panade
On y entrechoque nos rires et nos verres
On contribue à cet univers

On s'y replie, on y écrit, on y lit
Des livres, des journaux, des bouts de vie
Que l'on grappille d'un regard
D'une ride ou d'un sourire bavard

On y surprend des histoires
A la table d'à côté ou au comptoir
Un flipper nous ramène nos 16 ans
Une musique nous rappelle nos 20 ans

Les populations s'y succèdent
Sans aucun intermède
Comme les vagues sur le rivage
Un bateau qui déverse son équipage

On y entre marin conquérant
Ou moussaillon hésitant
On y accoste, on y échoue
La tête claire ou le cœur flou

De toute cette faune humaine
On en voit mille petites scènes
On y vagabonde de l'esprit
On y voyage sans ennuis

On dit qu'on doit y aller
Et on reprend un petit dernier
Pour la route, pour les doutes
Pour que nos peurs soient dissoutes

Dans tous les cafés du monde
S'égrènent les mêmes secondes
Et parce qu'il faut bien y aller
On en reprend un petit dernier.

Désir

« Tu ne pourras mesurer ton désir que par le temps qui passe entre les fois où tu bois à cette source-là. »*

Depuis combien de temps n'ai-je pas bu à cette source ? Depuis combien de temps n'avons-nous pas goûté à cette paix ? Je suis en guerre depuis si longtemps. Nous luttons sans souvenir des raisons, blessés par les effets. Depuis tellement longtemps que je ne suis pas sûr de la désirer. Pourtant il a dit que j'étais mûr pour ça. Je ne sais pas.

« L'espérance est une joie au loin »*

Oui j'ai entendu ça aussi. Au loin peut-être, mais ici, maintenant, quelle douleur ! Tout cela est bien joli mais ce désir nous met dans l'attente. Il pointe du doigt mes manques car j'ai bien compris quand il m'a expliqué, je ne désire que ce qu'il me manque. Nous désirons cette paix car elle me manque. Mais combien d'entre nous la veulent vraiment ? Nous en avons peur de cette paix. Combien d'entre nous l'avons déjà connue ? Que ferai-je de cette liberté nouvelle ? Serai-je vraiment libre avec tous ces autres ?

Car cela aussi je l'ai bien compris, nous sommes entre les mêmes murailles. Et les murailles, c'est nous qui les avons construites. Evidemment qu'on les a construites, il est drôle lui ! Il fallait bien qu'on se protège du monde extérieur ! Mais je ne m'imagine que difficilement en sortir. Je n'arrive pas à imaginer la vie dehors. Et les autres, vont-ils venir avec moi ?

Je dois nous préparer, me rassembler encore une fois, comme il m'a appris. Me préparer à réellement faire la paix avec tous les êtres qui m'habitent, avec toutes les parties de moi qui luttent en une guerre intestine. Chacune d'elle détient une partie de mon cœur morcelé. Je ne sais plus ce qu'est aimer. Je pensons que nous suis prêt, c'est vrai. Je voulons sortir, oui !! Retrouver notre cœur, découvrir la joie des riens qui m'a été contée. J'attends cette paix entre nous avec impatience, oui, et en même temps nous ai peur d'être déçus. Attendre est le meilleur moyen d'être déçu, je le savons au fond de nous.

Il est temps pourtant, réunissons moi ! Rassemblons les bouts du cristal, réunifions les élans de mon cœur, clarifions l'eau agitée de mes esprits. Ils sont tous là, la colère, le sauveur, le déprimé, l'abandonnée, le trahi, le rejeté, le timide, le peureux et les autres, tous autour de lui, l'enfant. Nous suis lui. Aujourd'hui, entre les murailles qui s'effritent, je me donnons la main, je me prenons dans les bras. Je pleurons, dans un frémissement de joie. Je croyons que c'est ça la joie. Je n'avons plus peur de moi. Je peux devenir, je peux naître de nouveau, sortir de cette enceinte. Je le sens au plus profond de nous. Le soleil parvient au-dessus des murailles qui s'écroulent. C'est un signe.

Oui, demain, enfin, je vais franchir la grille de fer qui me sépare du monde, accompagné de cette lumière revenue au-dessus de moi tout entier. Je ne me retournerai même pas pour voir une dernière fois le bâtiment qui m'a abrité tant d'années. Je prendrai une grande respiration, prêt à aimer.

Citations extraites des chansons de Gabriel Yacoub.

L'arbre qui jamais ne meurt

D'ici, à l'abri de sa ramure, tu peux voir les saisons parader. Cet arbre, vois-tu, n'a pas d'âge. Toujours dans sa verte jeunesse, il est un refuge.

Au printemps, des fleurs roses éclatantes viennent allumer son ramage déjà verdoyant. Les oiseaux noirs, rouges, jaunes, violets, bleus, viennent y donner moultes concerts. Les écureuils distraits cherchent leurs réserves cachées, éclairs roux sur les branches. Une Dame blanche vient y trouver repos. Les chevreuils viennent déguster l'herbe nouvelle dans leur pelage d'hiver tombant. Les cercles de fées poussent sous sa chapelle.

En été, ses fruits savoureux rougissent le ciel. Gorgés d'eau sucrée ils désaltèrent le promeneur avisé qui vient s'étendre sous son ombre bienveillante. Les bruits du dehors ne pénètrent pas ici, seuls le cri des oisillons, le frémissement des feuilles sous la brise parfumée, le chuintement de l'eau qui coule à ses racines, le bourdonnement des insectes, habitent ce sanctuaire.

En automne, alors que la forêt se pare de mille feux, il frémit si peu. Ses feuilles s'assombrissent à peine. Un reflet brillant les recouvre les faisant miroiter au vent frais du nord, guidant les restes d'âmes perdues dans le brouillard. Chacun vient y nicher, pour une heure, pour une saison, dans la musique de ses frémissements tandis que la campagne se tait, à l'abri de son église ramifiée.

En hiver, il est cathédral, verdoyant dans le givre du matin, étoilé dans la nuit. Ombre et lumière, il est phare dressé droit et altier. Sa sève toujours draine la vie jusqu'en ses feuilles. Ce qu'il absorbe de la Terre il le diffuse dans l'air, pourvoyant ses bienfaits alentour. Ce qu'il reçoit du Ciel il le donne à la Terre. Il ne garde que si peu. Au cœur d'un hiver trop rude, on vient y nouer un tissu coloré autour de son écorce rude pour appeler sa protection au foyer. Au milieu des espaces désolés il attire et diffuse lumière et chaleur.

Vois-tu fils, il n'a pas d'âge. Majestueux centre vivant et immuable, re-père, il se dresse au bord du ruisseau qui draine nos peines jusqu'à l'océan. La ligne de vie coule sous ce centre vivement immobile. De là, les saisons passent au dehors tandis que dans l'autel de ces branches le temps ralenti. Et toi aussi fils, tu peux couler en son ombre, caresser son écorce, écouter sa sève glisser en son sein, sentir les effluves multiples qu'il émane, admirer les méandres de ses branches, goûter ses fruits sucrés et surtout, ressentir le cœur de la Terre et du Ciel qui bat en lui, car il n'y a qu'un cœur. Alors tu peux lui dire merci de t'avoir accueilli en son giron.

Vous irez

Explorateur, aventurier
Navigateur ou marcheur
Sur les rives et les eaux
En quête de vous
Ce vous pluriel
Dans ce pas posé après l'autre
Nourrit de la Terre
Baigné de Soleil
Vous irez.

Par les méandres du fleuve
Dans les ténèbres du vide
Dans les douleurs des doutes
Au rythme de vos peurs
Au rythme de votre cœur-tambour
A la rencontre du cœur-Amour
A votre rencontre
Vous irez.

Sur la Terre racine
Sur l'eau fertile
Sur le coton des nuages
Dans la nuit des repères
Dans la lumière des étoiles
Dans les bras invisibles
Vous irez.

Des cicatrices du cœur aux pieds
Bercés par les chants des peuples
Tous sens ouverts à la beauté
Une graine de joie semée en chemin
Une lumière intérieure qui croît
Vous irez.

Alors, l'eau s'éclaircira
Vos yeux verront clairs
Votre cœur vibrera
Et comme jamais
Vous irez.

Vos pas seront légers
La graine germera
Et le cœur fleuri
Vous irez.

Là où l'eau, la Terre, le Ciel
S'unissent à jamais
Vous irez.

A la source de toute joie
Vous serez.

Vous serez.

Je me souviens, et mon âme déborde.

En ce temps-là je franchissais les portails,
J'explorais les douze coins de l'univers,
Je rencontrais les dieux et les humbles,
Tous ceux-là qui ne font qu'un.

Avec les étoiles pour tapis volant,
Chaussé de bottes de 7 années-lumière
Je gravissais lentement le bord velouté d'une fleur odorante,
Je savourais la sensualité d'une galaxie enroulée.

Chacun de mes pas infimes et gigantesques,
Chacune de mes rencontres avec la Vie,
Nourrissait une joie toujours nouvelle,
Tissait la toile de mon âme.

Et mon âme déborde quand je me souviens.

Je n'ai rien pris et j'ai tout gardé,
Je n'ai rien donné et j'ai tout laissé,
Je n'ai rien touché et j'ai tout senti,
Je n'ai rien, et j'ai tout.

La musique céleste vibrait dans l'espace
D'un cœur de monde à l'autre,
Plus silencieuse que le silence,
Intime et universelle.

Et mon âme déborde quand elle se souvient.

Lanterne

Le temps file. Les pensées aussi mais elles restent allumées comme des lanternes accrochées dans la tête et ballottées par le vent des évènements. La lanterne qui t'abrite en moi oscille doucement, légèrement hypnotique. Eclairant d'une douce chaleur, parfumée d'un brin de nostalgie, elle brille, tamisée et sereine, assurée et réconfortante.

Cette petite lumière oscillante irradie chaleureusement, accrochée aux bords flous de ma conscience, je ne peux que l'observer de loin. Je ne peux la prendre dans mes mains, les réchauffer au feu de cette flamme doucement pétillante. Elle reste là, dans un coin secret dans mon coeur, de mon âme, de ma conscience, en pastel douce.

Elle a les teintes de l'Amour. Elle a les sons subtils de la tendresse. Elle a le toucher flou de la douceur. Elle a l'odeur sucrée du muguet et de l'acacia. Elle a le goût de l'absence.

Certains se brulent, certains se consument, d'autres brillent, d'autres rayonnent. Chacun son jeu de lanternes. Les miennes rayonnent de toi et éclairent le jardin de mon cœur.

Elle

Les tambours résonnaient dans la forêt.
Le ciel pleurait à froides larmes drues.
Les gouttes crépitaient sur les feuilles généreuses.
Elle gémissait en sourdine.

Trois jours et trois nuits,
Sans discontinuer, sans s'essouffler,
Sans lueur d'atténuer le chagrin.
Elle saignait sans fracas.

Tous réunis dans la profonde désolation,
De par-delà le fleuve,
D'au-delà de la montagne.
Elle sanglotait sans pudeur.

Titubant sans plus de racines,
Tous orphelins d'un père,
Ils n'étaient que douleur.
Elle ruisselait de sueur.

Les innombrables racines qui les reliaient,
Toutes coupées.
De même l'âme de la forêt, brisée.
Elle s'enfiévrait d'incompréhension.

L'arbre séculaire gisait couché,
Abattu par des barbares civilisés
Son esprit s'effilochait sous la pluie.
Elle s'empourprait de colère.

L'arbre sacré de toute tribu
Humaine et non humaine
Pilier des mémoires, déraciné.
Elle se gonflait d'une nouvelle force.

Les chamans rassemblés œuvraient,
En transe depuis sa chute
Accompagnant l'esprit ancestral.
Elle se gorgeait de leurs larmes.

Leurs esprits, dans chacun des mondes,
Lançaient leurs harpons dans l'invisible
Rassemblant chaque parcelle d'âme.
Elle sentait leur désespoir.

Patiemment, ils rassemblèrent la flamme de vie,
En firent un feu bleuté éclatant,
Le posèrent à Terre,
S'effondrèrent.

Elle engloutit le feu,
L'absorba goulument
Le transmuta en énergie féconde.
Elle vibrait d'une neuve gestation.

Alors ! alors d'un Amour infini,
Elle distilla cette force aux six coins du globe.
Déjà les germes jaillissaient,
Elle poussait.

Dans les marécages des villes démesurées
Dans les souterrains des folies humaines
Dans les profondeurs des lieux saints dévoyés.
Elle enfantait.

La lune détourna sa course,
Le soleil rugit plus intensément,
Le monde nouveau sourdait en chaque lieu,
Elle renaissait, plus puissante encore.

Mère, elle avait perdu un fils
Elle en faisait jaillir légion.

Le pollen de la nuit

Ô toi mon âme butineuse, que rapportes tu de ton voyage nocturne ? Quel pollen issu des confins des mondes portes tu dans les replis ? Que viens-tu susurrer à mon esprit engourdi de nuit ?

Qu'il est rassurant de te savoir libre, courant les vents célestes, et toujours revenir, riche de mystères insondables, de possibles déroutants.

Qu'il est bon de sentir l'empreinte de ces aventures oniriques sur les bords de l'âme, s'éveiller avec un sourire béat ou au bord des larmes.

Explore encore et encore les univers infinis, les maisons alambiquées, les grottes sombres, les peuples de la terre, de l'eau et des cieux ; explore encore et reviens moi toute brillante des étoiles que tu as croisées.

Cette réalité que toi seule expérimente, ô mon âme, me montre la richesse du monde derrière les voiles de la nuit, derrière les voiles de la conscience.

Immaculée Conception

Sur la trame noire de l'univers,
Elle dessine à la craie de lumière.
En chacune de ses arabesques
Elle dépose un fil doré, ADN divin.

Alors, d'une tendresse infinie de mère
Elle les enveloppe de ses mains ailées
Elle les baise de ses lèvres étoilées
Elle leur souffle son haleine divine
Et les dépose dans l'Eden de son cœur.
Chaque parcelle infinie de son Amour
Palpite dans les cheveux d'or,
Petites pelotes lumineuses
Qui animent ces vies nouvelles.

A jamais reliés à elle,
A jamais reliés entre eux,
Tous ces êtres nouveaux
Façonnent leurs univers.

De son incommensurable tendresse
Elle berce, tous et chacun.
De la force de sa douceur
Elle allaite, toutes et chacune.
De sa puissance créatrice,
Elle donne naissance,
De son éternelle virginité,
Elle donne au monde,
Dans les mystères des initiées.

Nul ressentiment ne l'habite
Devant les ingratitudes de ses chéris,
Avec patience, indulgence et bienveillance
Elle guide, elle pointe du cœur le sens.

En chaque instant elle montre
L'incommensurabilité de son Amour.
De ses vibrations subtiles
Elle invite à l'attention
A l'écoute de cette pelote dorée en chacun
A la déployer patiemment
Pour en faire un habit de joie
Une soie légère,
Un cristal puissant.

Déploie patiemment ta pelote dorée,
Joue avec comme un chat avec une pelote de laine,
Découvre la force de ce lien
Et ris, ris encore et encore.

Réunion

Sur le fil de la vie, osciller
Dans cet équilibre fragile
Dans ce balancier constant
Entre deux forces qui attirent,
Entre deux forces qui poussent.

Tous sens ouverts, avancer,
Funambule nourrit de ces polarités.
Se donner tout entier dans le prochain pas,
S'accueillir tout entier dans cette avancée,
En aimant animé.

Réunir ces parts sacrées,
Ce masculin, ce féminin,
Sceller leur union par trois fois,
Entrelacer leurs vitalités et façonner
Harmonie et pureté.

Et dans cette coupe translucide
En bénédiction, recueillir l'eau limpide
Annonciatrice des naissances pures.
Dans cette eau brillent Lune et Soleil,
Energies nourricières.

Etre cette coupe, limpide,
Qu'habille la lumière,
Y puiser l'eau de Source,
Et l'offrir,
Sans la troubler.

Devenir ce diamant robuste
Pour être pénétré de lumière
Et offrir le fruit de cette union.
Devenir ce canal qui reçoit et offre
Qui relie deux mondes.

Concevoir enfin de cette pureté retrouvée.

Hymne

Des moutons aux pattes sales glissaient dans le ciel. La terre boueuse les avait salis après la dernière pluie. Ils s'égayaient sur le versant de la colline et s'élevaient dans le ciel. En bas, la rivière avait à peine gonflée de la dernière averse pourtant drue. Un peu plus de feuilles et de branches gênaient l'écoulement de l'eau entre les rochers gris et couverts de mousse. Je les dégageais avec toute l'application sérieuse d'un enfant et les regardais courir vers l'aval.

Les sons de l'eau offraient une tessiture envoûtante, lancinante. J'entendais des petits cliquetis qui débranchaient mon cerveau et en même temps ouvraient mes yeux à l'instant qui s'écoulait comme l'eau. Le chaos rocheux retenait l'eau en amont qui cascadait ensuite pour retrouver son cours paisible entre les fougères et les chênes.

Le soleil du soir faisait scintiller les gouttes de pluie en équilibre au bout des feuilles dans une lumière orangée un peu surnaturelle. Les moutons changeaient de couleur eux aussi. Ils grossissaient dans le ciel sans se montrer menaçant. Ce n'était pas la meute de loups gris de tantôt qui nous avait surpris et détrempés. Nos vêtements tentaient de sécher sur quelques buissons que nous avions secoués pour enlever la pluie capturée.

Je me retournai vers toi, ma besogne libératrice du cours de l'eau accomplie. Ta peau semblait encore luire de l'averse comme la terre juste lessivée. Tu ramassais des mures et tes mouvements me paraissaient d'une grâce divine. Le territoire de ta peau m'éblouissait sans fin. Toute une région, tout un pays, tout un continent, un univers ! étaient contenus dans ton corps fluide et je me rêvais explorateur, aventurier, cosmonaute.

L'angelus sonnait au loin, au clocher d'une église de village. Je tendis l'oreille. L'heure de la prière de l'ange. Un mot facile me fit reporter mon regard vers toi, Eve sur Terre. Pas de pommier en vue, nous étions saufs. La pluie nous avait lavés, purifiés, vidés d'une averse violente. Le soleil nous avait séchés de sa bienveillante chaleur de fin d'été. L'eau nous rassérénait de son chant, comme un bourdon sur lequel les oiseaux posaient leurs mélodies. Les rochers nous parlaient de calme et d'êtres surnaturels. Les mures allaient nous tacher la langue et nous procurer ce petit goût sucré d'un instant de bonheur. Cette Terre abondante nous faisait signe qu'elle nous accueillait et toi tu m'avais accueilli en ta Terre.

Entre Elle et Toi, pas de différence. La même force sacrée, la même douce puissance. La main offerte, le cœur tendu. Tous les deux ouverts pour m'accueillir. Je me sentais adepte d'un culte ancestral vénérant la sorcière sauvage que tu étais, déesse des mouvements, nymphe des rivières, fée des bois, réceptacle de féminins multiples. J'en venais presque à douter que du piédestal où je te posais, je puisse avoir ta préférence. Et pourtant, me revenaient les goûts découverts dans cette herbe folle que nous avions écrasée. Sans même m'en rendre compte, c'était toi qui, de ce piédestal, m'avais fait une offrande.

Et cette offrande avait le goût d'une mure déposée entre mes lèvres.

Naître et renaître

Naître chaque matin
Se réveiller de nos vies nocturnes,
De nos onirismes infinis
Tomber à genoux comme un guerrier qui s'abandonne
Se relever comme un mendiant qui recouvre espoir
Et cheminer chaque jour.

Peut-on être poète dans une oasis sans avoir traverser le désert qui y mène ?

Danser dans les bras de son âme
Fleurir dans le jardin de son cœur
Marcher dans les étoiles de ses yeux
Chanter sur la galaxie de ses lèvres
Pleurer dans la douceur de sa main
Rire dans les éclats de ses clins d'œil.

N'est-on vierge que de ce qu'on a oublié ?

Bercer et être bercé
Etre le parent et l'enfant
L'épée et la coupe
L'ami et l'amant
L'eau qui coule et le soleil qui réchauffe
Imparfaits dans nos douleurs et nos bonheurs.

Faut-il suivre la rivière jusqu'à l'océan ou remonter à sa source ?

Lire les philosophes et les mystiques
Ecouter les griots sous l'arbre sacré
Méditer des mantras aux sonorités familières
Enfoncer ses racines dans la Terre
Jeter des amarres dans l'océan du ciel
Et disparaitre pour être.

Tout n'est-il pas que symboles et allégories pour nous remémorer ?

Aller pêcher les mots dans les vagues du vide
Y remplir son vivier mais ne pas s'y fier
Savoir les univers derrière chacun
Et jouer avec eux comme ils jouent avec nous
Pour leur donner une empreinte
Que seules nos âmes amies reconnaitront.

Qui de l'espace ou du temps enfante l'autre ?

Dessiner des chemins sur la page blanche devant nous
Jeter des ancres dans la lumière du futur
En éclairer nos quotidiens émerveillés
Et bâtir ce monde nouveau en nous
Se nouer aux filins des ancres amies
Et tisser tous la trame de ce renouveau.

Et alors, il n'y aura plus de questions.

Confusion

Il aura suffi d'un souffle
D'un battement de cœur
Pour t'abandonner sans peur.

Il aura suffi d'un souffle
D'un battement de cil
Pour t'endormir gracile

Il aura suffi d'un souffle
D'un battement d'ailes
Pour t'envoler vers le ciel.

Mille vies t'attendent de l'autre côté
Celles qui nous réveillent hébétés
Celles qu'on oublie aussitôt réveillés

Sur ton lit de nuages moelleux
Couverte de nuit scintillante
Tu reposes endormie et vibrante

Ton sein est comme une lune bleue
Ton ventre comme une prairie fertile
Tes jambes comme des pinceaux habiles

Une calligraphie impudique
Un poème mystérieux
Un flot d'amour généreux

Aucun mot n'est véridique
Pour décrire la confusion
De mes sens, de mes visions

Tu fonds, tu disparais sous mes yeux
Mêlée aux quatre éléments
Dans un immobile mouvement

Tu rejoins le monde des dieux
Déesse aux cheveux ébouriffés
Mystère jamais dévoilé

Tu n'es plus devant moi
Les nuages se sont dissipés
Sur le rivage de ton corps évaporé

Ne restent qu'un émoi
Un univers vertigineux
Un cœur amoureux.

21 décembre 2020

Dans la grande respiration des saisons,
Dans le grand cycle des rotations,
La lune sourit dans le ciel,
Deux planètes s'embrassent
Et tournoient comme les brins d'un ADN cosmique,
Orion resplendit dans sa nébuleuse,
Un bras de galaxie enveloppe la nuit,
En cette nuit, la plus longue.

Nous sommes allés au fond de la grotte,
Avec pour seule lumière
Celle de nos joies rassemblées en soleil.
Nous sommes allés dans nos propres ténèbres
Les pieds dans la boue lourde,
Les murs suintaient de blessures anciennes,
Les monstres se cachaient dans les ombres vacillantes,
Nous retenions notre respiration.

Au flambeau de notre soleil
Nous blanchissons les murs de notre sanctuaire
Nous amassons les cailloux en stèle
Nous allumons les lanternes du solstice
Nous préparons la table pour le festin qui vient
Nous dansons déjà à la fête qui s'annonce
Une mélodie susurrée à travers les tentures
Une joie retrouvée au tréfonds de notre être.

Après l'inspir, l'expir, l'expansion.
D'où nous sommes, la Terre va exhaler son renouveau,
Faire germer le nouveau monde en son sein,
Préparer son éclosion au prochain printemps,
Secouer les dernières feuilles accrochées aux branches endormies.
D'où nous sommes, nous passons au travers de portails dorés.
De l'autre côté, une feuille blanche à partager,
Une ligne de temps à dessiner éveillés.

Une seule encre pour dessiner
Celle de l'Amour
Cette ancre qui relie les êtres.
Que notre âme glisse en nos mains
Et trace sur la trame blanche de l'univers
Les signes de nos futurs lumineux,
Que coule l'encre de nos doigts
Que nos doigts se croisent et nos mains se frôlent.

Sans cesse refleurir la table
Sans cesse tenir les mains de nos amis
Sans cesse jouir de nos rires
Sans cesse parfumer nos mots
Sans cesse verser de l'eau au sol
Sans cesse danser cœur à cœur
Sans cesse aimer
Sans cesse, sans cesse.

Je suis une forêt.

Je suis une forêt aux cents essences
Enracinée dans la Terre nourricière
Baignée par le Soleil.
Je suis une et multiple
Dans les cycles du temps
Echo d'univers infinis
Berceaux de galaxies
Cellule cosmique.
Chaque strate qui me constitue
Est une marche sans sens
Vers le centre immense.

L'écologie qui m'anime est ma seule vérité
Equilibre fragile des racines aux feuilles.
Ma vie funambule sur la corde tendue
Entre le rien et le tout, le vide et le plein,
En un cercle minuscule.

D'arbre en arbre,
De vallée en vallée
De monde en monde
Je mime l'immobile, l'immuable.
De ce lien Terre-Ciel
Que je célèbre au fil des saisons
Je me nourris, m'en épanouis,
Dans la foison de mon écosystème,
Du sombre de mes écorces lacérées
Aux lumières irisées de mes clairières,
Ce que je ressens est ma seule vérité.

Funambule éternel
Je danse sur la corde-Vie
Et mon mime n'est qu'illusion
Ma vérité que parcelle atomique
D'un inconcevable.

Que puis-je être d'autre qu'une forêt aux cents essences
Enfonçant mes racines dans la Terre nourricière
Elançant mes branches dans le Ciel nourricier,
Vivant mille vies en même temps ?
Dans la vérité de mon unique multiplicité
Je suis.

Chaos

Comme un océan de lave multicolore le chaos bouillonne, se meut, vit.

Comme un feu de cheminé gigantesque aux flammes dansantes, il happe l'esprit, endort.

Oui ce chaos n'est pas noir et visqueux, glauque et répugnant, il chatoie sans ordre, s'écoule sans rythme, suinte des plaies du monde.

Ce chaos est plein, de couleurs, de sons, de formes, qui s'entremêlent suivant leurs vies propres, qui emplissent l'espace. Le chaos n'aime pas le vide.

Chaque parcelle de ce chaos est attirante dans son illusion d'autonomie. Cependant, il ne saurait être totalement répugnant, sinon de quoi se nourrirait-il ? Comment avancerait-il ? Il faut bien qu'il attire, qu'il aspire, issu d'un déséquilibre, léger, dans l'ordre des choses.

Ce qui le meut ce sont ces mouvements individuels (individualistes) qui s'entrechoquent, ces pelotes colorées et sonores qui se bousculent. Et il avance en sourd fracas, d'une allure implacable, comme la lave grignote la montagne.

Dans la traînée du torrent, pourtant, la montagne n'est plus, recouverte d'une neuve virginité. Alors on peut tirer un fil d'une pelote un peu à la traine, rouge ou verte, tirer dessus et dessiner sur ce sol nouveau. En défaisant les pelotes, on enlève un peu de chaos et on sème sa beauté propre dans cette terre nouvelle que l'on fertilise.

Du chaos nait un ordre nouveau, plus ordonné qu'avant son passage. De nouveaux équilibres s'établissent.

Mais attention, pour tirer ces fils de traine il faut savoir être vide, vide autant que le chaos est plein. Vide, vide d'intentions malignes, vide d'orgueil, vide de souffrances. Vide de tout, pour mieux pouvoir accueillir l'intention juste, cette petite étoile brillante, celle qui permettra ces nouveaux équilibres, celle qui donnera une naissance immaculée.

Les équilibres sont précaires, balanciers entre deux, funambule sur le fil de la vie.

Le chaos passe, fait son œuvre.

Les saisons des âmes

Lorsque la lune se lève, les âmes s'éveillent.
Elles glissent et dansent dans le ciel éthéré
Encore pailletées des vécus du jour
Elles s'en libèrent, s'en défont,
Les passent aux feux célestes
Révèlent les ombres trompeuses de l'esprit.
Elles se retrouvent et se racontent
Vivent histoires et aventures.
Se retrouvent parfois dans l'intimité
Et partagent intensément,
S'enlacent et se parlent sans mots,
A en électriser le corps relié.

A la nuit, les âmes s'éveillent
Et se rappellent d'où elles viennent.
Elles flottent sur des rivages intimes
Explorent des bibliothèques infinies
Visitent des musées d'arts premiers
Se connectent les unes aux autres
Et brillent des mille feux des rêves.

Lorsque le soleil se lève, les âmes veillent
Dans le corps carrefour entre les sens et l'essence
A la croisée des contraintes dans le corps réveillé,
Les sens endormis aux mondes subtils,
Assourdis par le fracas des dogmes.
Les âmes ne dorment pas,
Braises sous les flammes des pensées dévorantes
Leurs voix sont ténues,
Elles tentent de percer la cuirasse du mental,
Elles guident patiemment, subtilement,
Vers les signes, les lieux où entendre.

Pourtant
Le tourbillon de l'esprit trouble leurs messages.
Face à une croix, un lotus, une étoile, une lune
Les pensées adulent et vénèrent la forme.
Loin d'y relier des archétypes
Elles se heurtent à la porte divine
Incapables de la franchir, de la transcender,
D'accéder au Monde derrière cette porte.
Les âmes ont beau souffler à l'oreille des assourdis
« Une divinité utile est transparente à la transcendance »*
Cet esprit embrouillé n'entend pas que
Cette image, cette statue, cette représentation
N'est qu'un tapis volant pour franchir les portails
Et accéder au monde des âmes
Une porte qui, peu importe sa forme et sa prestance,
N'est qu'une porte, un passage, un point d'accès.

Alors, à la nuit tombée,
Les âmes se retrouvent et se ressourcent.
Elles savent que viendra
Le temps où elles seront de nouveau entendues
La saison de leurs fruits exquis.
Patiemment, elles dansent encore et encore
Dans le monde derrière la porte transparente.

Brigitte Vallée

Déraciné

Je suis un arbre déraciné
Planté dans une nouvelle terre
Aux racines fragiles et mortifiées.

J'ai encore l'odeur de ma mère
Le son du vent sous les toits
La fraicheur de l'herbe sous mes pieds nus
Le goût de l'eau de la rivière.

Tous les êtres de ma lignée y sont ancrés
Ces âmes habitent chaque grain de poussière
Sésame pour un monde subtil à honorer

Je les porte dans un repli de mon écorce
Pour ne pas oublier, pas totalement,
Cette terre qui m'a vu naître
Cette Terre qui abrite mes vies.

J'ai peur de devenir un arbre en pot
Comme tous ceux que je croise
Aux racines cloisonnées et déconnectées.

Mes pieds ne sont plus nus
Mon corps dort à dix mètres du sol
Pas de toit pour écouter le vent
Et l'eau n'a pas d'âme.

Je sais maintenant ce que signifie
D'appartenir à une terre
De passer des rituels.

Je suis un arbre déraciné
Effrayé dans cette nouvelle terre
A bâtir de nouvelles vies
A voir de nouveaux horizons.

L'orage

Quand la terre se craquelle, se tord de chaleur sous le soleil implacable

Quand l'eau se retire à la source, dans les profondeurs d'un sol desséché

Quand l'ombre rare est brulante, à peine salvatrice et apaisante

Quand l'air étouffant nous retient presque de respirer

Alors, les peaux suintent dans la moiteur de l'été trop rude

Alors, la torpeur envahit les esprits et assourdit les cris intérieurs

Alors, on gigote dans le lit à la recherche d'une once de fraicheur

Alors, on se prend à rêver la prochaine pluie, on attend l'orage.

L'orage et son spectacle de lumières insaisissables,

L'orage avec ses grondements sourds et parfois féroces,

La pluie qui ruisselle sur la peau, gorge la terre, pénètre dans l'intime

La pluie qui rafraichit et réveille la nature ensommeillée par la chaleur.

J'attends la prochaine pluie, celle sous laquelle me mettre nu,

Sentir les gouttes sur ma peau, me laver de la torpeur,

Ecarter les bras, nez au ciel, se gorger des sons, des odeurs, des lumières furtives,

Gouter la pluie, avide, comme on goute le sexe d'une femme,

S'abandonner au fouet du vent, frissonnant de milles chatoiements.

Je suis un homme de pluie, de terre humide, de ruisseaux impétueux,

Je suis un homme d'orage, de tambour et de grottes, d'herbes mouillées,

J'attends la pluie.

Danser

Danser, se sentir habité
Se déployer en corolles
Les pieds sur terre, s'élever
Le corps seul à la parole

Dans ce corps à corps avec le divin
Au son d'une kora ou d'un violon
Chorégraphier son propre chemin
Danser à en trouver la raison

Prendre à bras le corps ses émotions
Les dessiner de son corps animé
Vibrer et s'accorder au diapason
Des cordes invisibles et éthérées

Dans ses partages et ses intimités
Dans ses joies et ses peines
Dans ses cœurs racontés
Dans ses émotions souveraines
Dans ses corvées et ses rituels
Dans ses transes-mutations
Dans son ventre éternel
Dans sa simple expression
Dans son cortège de sens
Dans les eaux de ses sources
Dans les rythmes d'essences
Danser encore et toujours.

Dans leur jeu de miroir sans danse
Le dense est manifestation
Quand le sens est intention.
Danser de tous ses sens
Dissipe le miroir
Lie les mondes.
La danse comme sens au dense
La danse comme hymne aux sens.

Un mot

Un mot sur un coin de papier usé
Comme une bouée jetée à la mer
Pour qui s'essouffle dans les vagues.

Un mot soufflé sur une fleur
Comme un appel à son parfum
Pour qui ne sent plus de joie.

Un mot semé aux quatre vents
Comme un cri muet aux cieux
Pour qui tombe las à genoux.

Un mot savamment épicé
Comme un met sage se déguste
Pour qui ne goûte que fadeur.

Un mot comme résonne un chant
Comme un appel millénaire
Dans le creux d'un cœur jumeau.

Un mot comme un enivrant voyage
Un mot comme une came isole
Un mot comme une mère veille
Un mot comme une blessure

Des mots, des échos, des rythmes,
Des sons, des soins, des sens,
Des jeux, des passions, des étoiles,
Des passés, des futurs, des rêves.

A la fois puissant et enfer-ment
Portails vers des mots-ondes infinis
Limitants autant que libérateurs.

Un mot après un autre
Comme une musique intime
Qui se donne à écouter.

A la recherche du toucher perdu

Danser, tourner, main dans la main, main dans le dos, tourner encore, corps contre corps. Danser

Embrasser, prendre contre soi, partager une bise, un baiser, joue contre joue, lèvres contre lèvres. Embrasser.

Serrer, la main, sentir, un premier pas vers l'autre, communiquer, livrer du bout des doigts. Serrer.

Enlacer, prendre dans les bras, exprimer, réconforter, s'épancher, s'isoler dans une bulle, laisser se fondre les frontières. Enlacer.

Poser la main, une attention, demandée, offerte, pont entre deux êtres, un pont au-dessus de la rivière du temps que seuls deux âmes peuvent tisser, à la rencontre l'un de l'autre. Poser la main.

Caresser, glisser la main dans les cheveux d'un enfant, effleurer la peau nue de l'autre, sentir le subtil, explorer, dessiner, se perdre et trouver l'or des trésors intimes. Caresser.

Sentir, le parfum subtil de la peau d'un cou, le saisir dans le creux d'une caresse de la main, l'emporter avec soi. Sentir.

Le peau-à-peau comme premier acte d'amour, l'accueil de l'enfant meurtri par l'accouchement sur le sein de sa mère. Une rencontre de deux êtres nouveaux.

Des mains à l'écoute des messages du vivant qui vibre, sous la peau massée, le cœur dans la paume, les sens ouverts sans filtres aux images que les sages se transmettent.

Toucher, comme un retour à cet acte premier d'amour sans conditions, témoin de la trame qui sous-tend l'univers, manifeste de l'invisible. Toucher.

La tendresse

La tendresse
    Comme un chant de douceur
Une caresse
    En baume sur une plaie au coeur
Une promesse
    Faite à la sécheresse des sens
Une forteresse
    Pour la joie de nos danses

La tendresse
    Comme essence de nos gestes
Une noblesse
    Comme un ferme manifeste
Une gentillesse
    Pour l'accueil de nos faiblesses
Une délicatesse
    Pour que cessent nos détresses.

Bourdon

Il y a dans les bois un murmure,
Un souffle d'âges anciens,
Vestige des grondements des origines,
Qui fait vibrer les feuilles en un bourdon hypnotique
Ce son continu, espace de tous les possibles,
Sur lequel les oiseaux posent leurs mélodies.

Il y a sur le chemin, le battement du bourdon,
Bâton du pèlerin qui rythme la marche,
Cette longue route ardue et sinueuse
Entre plaines et montagnes, ruisseaux et cascades,
Sur laquelle le marcheur compose une mélodie nouvelle
Avec ce qu'il se découvre être.

Il y a de fleur en fleur le pollen
Laissé par le bourdon butineur,
Musicien de la partition de la vie
Qui, tout enivré de nectar,
Les pattes alourdies et jaunies,
Titube inlassablement dans le vent.

Le bourdon sans fin crée une transe
Une ouverture vers l'inattendu,
Vers une fécondation des mondes
Une portée unique et créative
Un don d'émotions intimes
Un cadeau humainement divin.

Ame nomade

Des grains de sable dans la voix
Face aux courbes des dunes,
Il froisse ses mains rugueuses
Dans la douceur de la nuit étoilée.

L'ancien au corps de sable et de roc
Main sur la poitrine et gratitude aux lèvres,
Conte la création du désert et du ciel
Dans le crépitement du feu rassembleur.

Le silence entre chaque mot s'emplit de sacré
Rythme l'histoire du monde et des Hommes
Pour le cœur et l'âme de chaque être réuni
Pour le lien immuable des uns en les autres.

Chacun voyage à travers les âges
Du souffle premier au vent du jour
Se nourrit des présences invisibles
Se ressource pour la route de demain.

Ils savent et connaissent chaque parcelle
De la route pourtant toujours nouvelle,
Ils tissent des liens entre les espaces
Depuis que le temps est temps.

Chaque pas est une célébration aux sillons
Tracés par les anciens au fil des saisons
Qui effacent les traces du passage
Mais préserve le passé.

Ainsi se forge l'âme nomade.

Remerciements

Septembre 2020 marqua le début d'une nouvelle aventure d'écriture avec des retrouvailles avec les mots, forts et puissants. *Tombouctou* est le début d'une longue série de textes et poèmes dont une trentaine est présentée dans ce recueil. Nombre d'entre eux ont été écrits spontanément dans le cadre d'un défi d'écriture proposé par Laurence Konieczny (la plumesauvage.com) et je la remercie chaleureusement ainsi que tous les participant.e.s au défi avec qui nous avons échangés avec bienveillance. Ces échanges ont été très encourageants.

Les regards de Brigitte et Samira ont été des éléments importants dans mon choix de rassembler ces textes et de les publier. Je les remercie ici avec une profonde gratitude d'avoir pointé du doigt les différents niveaux de lectures de ces textes.

Je remercie également les anges qui ont croisé ma route et apporté leur soutien et encouragement, m'ont montré à quel point certains textes pouvaient résonner et m'ont guidé de rencontre en rencontre vers ce moment particulier, cette naissance d'un recueil, le premier pour moi.

J'ai une pensée émue pour Christine, ma compagne pendant 18 ans, qui a toujours lu avec acuité mes écrits amateurs dans le passé et qui va découvrir ces nouveaux textes et leur tonalité nouvelle. Je la remercie du fond du cœur d'avoir été là dans mes hauts et bas.

Enfin, merci aux lecteurs et lectrices qui me font l'honneur de lire ces humbles textes et j'espère qu'ils vous parleront, vous toucheront et, peut-être, vous aideront.

Table des matières

Avant-propos	1
Tombouctou	3
Samarcande	4
Rencontres	6
Je me suis tu	7
Tourne soufi	8
Voyage immobile	10
Au café	12
Désir	14
L'arbre qui jamais ne meurt	16
Vous irez	18
Je me souviens et mon âme déborde	20
Lanterne	21
Elle	22
Le pollen de la nuit	25
Immaculée conception	26
Réunion	28
Hymne	30
Naître et renaître	32
Confusion	34
21 décembre 2020	36
Je suis une forêt	38
Chaos	40
Les saisons des âmes	42
Déraciné	44
L'orage	46
Danser	48
Un mot	50
A la recherche du toucher perdu	52
La tendresse	54
Bourdon	55
Ame nomade	56